CONCOURS PITTORESQUE

POUR L'EMBELLISSEMENT DE L'OPÉRA.

A LONDRES,

Et se trouve à Paris,

Chez LE JAY, Libraire, rue S. Jacques, au Grand Corneille.

―――――――――

M. DCC. LXX.

CONCOURS
PITTORESQUE
POUR L'EMBELLISSEMENT
DE L'OPÉRA.

IL est enfin arrivé ce jour tant défiré, ce jour de glorieuse mémoire où nous avons vu renaître de sa cendre, sur son propre foyer, le nouveau phœnix, ce Spectacle enchanteur & national destiné à éternifer nos délices : tous les Ordres de l'Etat se sont intéressés à un évenement si cher, si pompeux, & tout s'est animé pour la confécration d'un monument qui doit immortalifer ses Auteurs, ses Partisans & ses Coopérateurs. Le cri de l'infortune a été étouffé par celui de l'allégresse : un Opéra console des chagrins domestiques; il supplée à tout quand on a l'esprit bien fait. Cent femmes n'ont pas dormi de joie, cent hommes ont oublié leur famille, leurs affaires; les étrangers ont pétillé d'impatience, & la curiosité a triomphé de voir son empire si solidement établi sur un peuple composé de gens de goût, de désœuvrés, de voluptueux & de citoyens frivoles.

Un riche Amateur de la Musique, partisan zélé du Spectacle académique, a cru devoir, pour sa propre satisfaction, contribuer de sa part à la décoration d'un Temple où il fait ses stations ordinaires.

Il a à cet effet rassemblé chez lui quatre Peintres célebres, & il leur a proposé de faire, chacun dans leur genre & leur goût, le dessin d'un plafond pour orner la salle du spectacle. Il ne leur a prescrit aucun sujet particulier, & il a permis à leur imagination échauffée de se jouer dans le choix des objets. La récompense promise a été de cent louis en faveur de celui qui, au gré des Connoisseurs, auroit le mieux réussi par la disposition & l'exécution d'un tableau analogue à la place où il devoit naturellement figurer dans le Palais des Muses.

Cent louis sont bons à gagner pour un

Peintre, & même pour quelqu'un qui ne l'eſt pas. Nos Artiſtes ſe ſont donc mis à travailler avec toute l'application dont ils ſont capables ; leur ouvrage eſt achevé, & les curieux ſont en état de décider lequel des quatre doit l'emporter au Concours.

Le premier de nos Artiſtes choiſis excelle dans la repréſentation des marines. Il a pris un ſujet analogue à ſon goût & à ſes talens.

L'on voit au milieu de ſon tableau, ſous la figure d'un Chantre moderne, Aryon revêtu d'habits magnifiques, & porté ſur le dos d'un dauphin qui paroît enorgueilli de ſon fardeau précieux ; un grand nombre de poiſſons grands & petits ſortent la tête de l'eau pour écouter les ſons mélodieux que le Chantre divin exhale dans les airs ; les vents ſuſpendent leur haleine pour le mieux entendre ; la mer tempere le mouvement de ſes flots, & la nature entiere ſe montre attentive aux accens du voyageur.

L'expreſſion du *Coriphée* eſt ſi forte, ſi naturelle, qu'on croit entendre ſoi-même le Nôme Orthien fur lequel il module. L'animal obligeant qui lui fert de monture, fend l'eau avec rapidité, & ne remue qu'imperceptiblement fa queue & fes nageoires, pour ne point éclabouffer fon Cavalier qui, fuivant l'hiftore, s'étoit poudré & orné de fes plus riches parures avant de fe précipiter dans la mer.

L'on voit dans le lointain le vaiffeau parti de Tarente, fur lequel Aryon s'étoit embarqué avec les perfides Corinthiens qui avoient entrepris de lui ôter fes richeffes & la vie. Ce vaiffeau, que pourfuit la vengeance des Dieux, paroît agité par la tempête. Plufieurs paffagers effrayés fe jettent dans la mer pour gagner à la nage le rivage le plus prochain. Le Peintre leur a prêté le vifage des fieurs C.... P.... & d'autres honnêtes gens connus par des naufrages lyriques. On les voit luttant contre les flots qui s'obftinent à les repouffer, tandis que les zéphirs bienfaifans pouffent doucement Aryon vers le Cap de Tenare.

Ce Cap qui s'avance dans la mer, eft couvert d'habitans généreux qui, les bras élevés vers le Ciel, lui adreffent des vœux pour l'heureufe arrivée du paffager Muficien. On leur a donné des figures Françoifes, & l'on y reconnoît diftinctement tous les bienfaiteurs anciens & modernes de l'Opéra. L'on y remarque entr'autres, Quinault, Lully, Campra, Deftouches, Danchet, Fufilier, Mouret, Roi & quelques modernes, dont un des plus aimables a des gants de *caftor*; chacun d'eux a le coftume qui lui eft propre: l'on y diftingue également les peres temporels de l'Opéra, qui par une fréquentation affidue y ont acquis le droit de Bourgeoifie, en s'en rendant journellement les pilliers & les bienfaiteurs. L'on y remarque auffi la figure de quelques vieux Comtes ou Marquis, des vifages de Douairieres furannées, d'anciens Bourgeois affiliés, de vieux Militaires qui n'ont plus que des yeux, & quelques minois plus modernes enrichis de rouge, de diamans, de minauderies & de grimaces.

Au-deffus de ces groupes, l'on voit dans l'enfoncement *Périandre* armé d'un glaive vengeur pour frapper les infideles Corinthiens qui avoient comploté de faire périr & de voler Aryon dans son passage de Tarente à Corinthe.

L'expression des figures est noble & majestueuse; l'ouvrage est, suivant nos Connoisseurs vrais ou faux, *d'un grand faire* ; c'est le mot : mais l'Artiste ingénieux a voulu joindre l'utile à l'agréable.

Pour cet effet, il a représenté autour du plafond les trente-deux vents les plus connus sur la mer ; il les a placés dans des attitudes galantes ou funestes, suivant les effets qu'ils produisent. Ils semblent se jouer dans les airs pour y causer une douce agitation ou pour soulever la surface des eaux.

Les vingt-huit vents *collatéraux* sont disposés dans leur rang, & les quatre vents *cardinaux* sont placés dans leur ordre aux quatre coins du plafond. L'Auteur a imaginé de faire exécuter ces derniers en sculpture de bois doré. Il a trouvé le secret de placer à l'orifice inférieur de chacun d'eux des soufflets dont le mouvement introduira le vent dans le corps de la figure, & le portera jusqu'à la bouche, où il trouvera une sortie naturelle & libre:

par ce moyen tout simple, l'air sera balayé d'atômes grossiers, de vapeurs malfaisantes, & la Salle se trouvera agréablement rafraîchie dans les grandes chaleurs de l'été, ou dans les cas d'un concours trop nombreux; cette attention assurera la tranquillité du Spectacle, & préviendra le tumulte que la contradiction occasionne dans des momens intéressans. Lorsqu'au contraire un froid dominant se fera sentir, l'air distribué par les soufflets sera échauffé au moyen de poëles artistement disposés à cet effet, & l'on jouira en tout temps dans le Spectacle d'une température saine & voluptueuse. L'on pourra donner des Opéras *à la chaude ou à la fraîche*, suivant les saisons & le goût du Public.

Les Académiciens des sciences qu'on a consultés sur cette méchanique, en ont fort approuvé l'invention, & se proposent de la perfectionner. Les Médecins, quoiqu'intéressés aux effets des vapeurs concentrées, ont eu la générosité de convenir que c'étoit un secret admirable pour diminuer le volume de l'intempérie dans un pays de liberté où la multitude s'entasse, & où beaucoup de Républicains se dilatent pour leur argent aux dépens du prochain.

L'Artiste auroit fort désiré pouvoir également placer des vents obligeans dans un ceintre pratiqué au-dessus de l'avant-scène, pour pouvoir porter distinctement jusqu'au bout de la Salle la voix & l'articulation des Actrices; mais le défaut de point d'appui au-dessus du lieu où l'on chante, a rendu ce projet impraticable; la voix se perd dans les nuées où elle monte, & le spectateur ne recueille rien, si la voix est foible, ce qui arrive souvent; ou si la prononciation est défectueuse, ce qui arrive encore plus. Il faudra donc établir au magasin une nouvelle école de prononciation; autrement l'Auditeur se trouvera forcé d'entendre un Opéra le livre à la main, & c'est une double dépense. L'Académie, à la vérité, y trouvera quelqu'avantage par un débit plus abondant des paroles qu'elle fait imprimer & distribuer; mais c'est une légere consolation pour les Directeurs.

L'on pourroit peut-être ajouter que peu de personnes vont à l'Opéra pour les paroles: ils se persuadent d'avance que communément il n'y a pas grand'chose à perdre. Les femmes, les jeunes gens du bel air, uniquement jaloux de se montrer, sont peu curieux d'écouter ce qu'on dit sur le Théâtre; ils supposent qu'on leur conte de vieilles histoires auxquelles ils ne doivent guère s'intéresser. Ils causent entr'eux, chantonnent, & font murmurer leurs voisins. C'est un genre d'amusement qui leur suffit; conséquemment, que le Poëme s'entende un peu plus ou un peu moins, la recette ne diminuera pas de grand'chose. L'on pourroit même encore, pour affoiblir les frais, faire des Opéras absolument sans paroles: il n'y a que les sons & grands accords qui touchent l'oreille; ainsi en les appliquant successivement aux voyelles *a, e, i, o, u*, filées ou variées, l'on n'auroit plus de paroles plates à critiquer, & l'on se consoleroit de la disette des bons Poëtes lyriques. Il en résulte que le surhaussement du ceintre n'est qu'un inconvénient médiocre, mais l'observation du Peintre Architecte n'en est pas moins judicieuse.

L'ordonnance de ce premier tableau paroît merveilleuse; le dessin en est correct; les ensemble y sont bien observés; les personnages s'y trouvent groupés avec art, & l'ouvrage ne peut pas manquer d'obtenir l'approbation des Amateurs de la belle Peinture.

Le second de nos Artistes a un talent éminent pour la représentation des batailles: il réunit la chaleur *du Bourguignon*, la noblesse de *le Brun*, le fini de *Vauwermans* & l'élégance de *Parocel*. Il a pris pour son sujet *Thirthée*, Poëte Grec, natif d'Athenes, dont les talens pour la Musique répandoient à son gré le charme voluptueux ou l'enthousiasme.

Il a peint ce célebre *Virtuose* animant par ses chants le courage des *Spartiates* dans la seconde guerre de *Messene*. Les instrumens guerriers échappent des mains de ceux qui sont préposés pour en jouer; ils courent à des armes plus meurtrieres, & sont enflammés du desir de combattre. La fureur est peinte dans les yeux de tous les Spartiates : ils maſſacrent leurs ennemis & courent à une victoire aſſurée. Thirtée, au milieu de la mêlée, les inſpire & prête de nouvelles forces à leur valeur. La plupart des Meſſeniens étonnés, les yeux fixés, les oreilles ouvertes, ſe laiſſent égorger dans une attitude martiale, mais attentive : quelques-uns oppoſent une foible réſiſtance aux coups dont on les accable, & d'autres paroiſſent s'échauffer pour partager la fureur belliqueuſe qui domine leurs adverſaires.

L'on voit, ſur une montagne élevée près du champ de bataille, une foule de femmes, d'enfans & de citoyens de Lacédémone, qui, les bras en l'air, invoquent le Ciel pour le ſuccès du combat & le ſalut de la patrie. Une troupe de Sénateurs paroît un peu plus loin, & délibere d'accorder à Thirtée le droit de Bourgeoiſie que la République n'accordoit que rarement, & pour le prix des plus grands ſervices.

Ce tableau préſente des beautés frappantes, & pour le rendre allégorique, le Peintre a prêté aux Meſſéniens terraſſés la figure des principaux détracteurs de la Musique Françoise; l'on y voit des combattans vêtus à la Romaine, à l'Angloise, à qui les Spartiates plongent leurs épées dans la bouche & dans le gosier; ils sabrent les drapeaux, les tambours, les trompetes & les fifres des Messeniens : il y en a un grand nombre à qui ils coupent les oreilles, ou qu'ils mettent en état de chanter clair. Un de leurs Chefs, habillé à la Suisse, & qui avoit fait d'excellente Musique Spartiate, pour prouver qu'il ne pouvoit pas y en avoir, se sauve pour se dérober à la poursuite de ses ennemis qui lui mettent l'épée dans les reins en chantant des vaudevilles. C'étoit un Poëte Musicien, contre qui les Spartiates étoient justement irrités. Il avoit eu la hardiesse de vouloir écrire en gros caracteres sur la toile de leur Opéra : *Hic Apollinem Marsias*; & en effet, il y représentoit Marsias prenant sa revanche en écorchant à son tour Apollon. Cette mauvaise plaisanterie, de la part d'un homme plein d'esprit & de talens, avoit aigri une nation délicate sur ses plaisirs, & l'on vouloit faire un exemple dans la perſonne de ce nouveau *Chriſologue.*

Le champ paroît jonché de morts qui ſe ſont fait immoler en criant malgré eux *bravo, braviſſimo.* Caſtor & Pollux, l'épée à la main dans les airs, animent les Spartiates & pourſuivent les fuyards. La déroute eſt complette, & l'on remarque ſur tous les viſages l'impreſſion qu'ont dû produire la fureur, la honte, le dépit, l'admiration, la joie & le choc de toutes les paſſions humaines.

L'exécution de ce morceau eſt vive, piquante & pleine d'une chaleur qui ſe communique. La figure principale, qui eſt celle de Thirtée, repréſente un grand homme ſec, noir, voûté & dont l'air, peu ajuſté, eſt preſque convulſif. Les Meſſeniens ſont couverts de caſques & de boucliers, tandis que les Spartiates, armés à la légere, ne trouvent leur force que dans leur courage & dans la fureur guerriere que leur inocule le ſon d'une lyre. Ce morceau plein d'ame ne peut pas manquer d'avoir un grand nombre de partiſans, ſur-tout parmi les Savans & les Militaires.

Le troisieme de nos Peintres, très-versé dans l'Architecture qu'il a étudiée, & dans la connoissance des monumens antiques de la Grece, a choisi aussi pour son sujet un événement fabuleux, mais favorable à l'emploi de ses talens : c'est *Amphion* qui, au son de sa lyre, bâtit la Ville de Thebes.

Le Peintre a cherché à peindre une Ville telle que devoit la faire un Chantre inspiré par le Dieu du Goût lui-même. Au son des accords harmonieux que ce *Coriphée* fait entendre, l'on voit s'élever d'eux-mêmes des temples, des palais, des portiques, des hôtels, des hôpitaux, des fontaines, des greniers publics, des obélisques, des portes, des colleges, des cirques, des naumachies & tous les genres de monumens qui doivent caractériser les ouvrages du Dieu de l'Architecture & de ses favoris.

L'on y distingue un temple magnifique dont le portail majestueux fait face à une place d'une vaste étendue ; les différens ordres y sont placés avec autant de grace que de légereté, & l'œil, qui n'est point captivé dans un cul-de sac parcourt

l'étendue

l'étendue d'une juste proportion; le monument n'est point offusqué ni surmonté de deux tours mal coupées, & dont la forme lourde les rapproche de la maussaderie d'un mannequin.

L'on découvroit, au bout d'un emplacement spacieux, une salle de spectacle dont la décoration charmoit la vue; l'on y entroit par de superbes portiques qui conduisoient à un majestueux vestibule. C'étoit une espece de basilique commode, sonore, dégagée de soupiraux & d'ornemens superflus, tels que des génies sculptés dans des huitres à l'écaille dorées. Les Spectateurs pouvoient être assis commodément au parterre, & c'étoit une façon sûre de prévenir l'impatience, l'agitation & le tumulte. Les plafonds étoient peints en couleurs douces & assortissantes au fond & aux côtés, ensorte que les visages paroissoient les objets les plus brillans. Le Spectateur y jouissoit du coup d'œil d'une assemblée choisie qui faisoit le plaisir du Citoyen & l'admiration de l'étranger. Le Spectacle offroit à tous les regards les graces, la beauté & la somp-

B

tuofité Thébaine dans tout fon éclat. L'ame déployoit fa fenfibilité à la vue d'un cercle de femmes élégamment parées & placées avec décence, fuivant le rang, la dignité & la convenance de leur état. La nobleffe, la vertu y brilloient fans confufion & fans alliage. Les premieres femmes de l'Etat avoient des places atitrées fans un mélange bizare avec ces fyrenes hardies, qui fecondées de leurs trifles tantes, étalent avec audace le prix du libertinage & le fruit fcandaleux des intrigues dont les peres & les époufes fages font journellement allarmés. La main du Dieu des Arts étoit marquée par-tout. L'Architecte divin avoit travaillé pour la fatisfaction de l'oreille & des yeux. Il avoit également confulté l'honnêteté des mœurs en enlevant au vice faftueux les moyens de braver publiquement la vertu, & par cette difpofition locale il imitoit habilement le Gouvernement attentif à tenir chaque état dans fa fphere. Enfin ce lieu de délices & de fêtes fembloit dire à fes admirateurs : *Oui, je fuis élevé pour être à jamais le dépôt des talens lyriques de la plus belle nation de la Grèce.*

Près de cette falle élégante, on remarquoit un Palais fpacieux bâti dans toutes les régles de la noble Architecture. Les proportions, le goût, la décoration les faifoient paroître dignes de l'Architecte admirable qui en avoit infpiré le deffin, & d'un grand Prince, qui par fes hautes qualités, faifoit les délices de la Grèce, & qui devoit recueillir dans fon Palais l'hommage, les vœux & les cœurs de la Nation entiere. Les Thébains affemblés autour de ce féjour, le regardoient avec une admiration mêlée de refpect. Venus, Mercure, Bellone & un Peuple auffi galant que voluptueux s'intéreffoient vivement à la perfection de cet Edifice, parce que le Prince bienfaifant avoit la générofité de communiquer au Public la jouiffance d'un jardin agréable où les plaifirs, fous différentes formes, fe raffembloient en foule. C'étoit l'afyle des Amours, le rendez-vous des Graces, & le fynode des Spectateurs politiques de Mars & de Plutus, qui, comme les Philofophes, sous le portique d'Athenes, se promettoient d'y venir déployer, suivant un ancien usage, leurs spéculations réelles ou chimériques. Les nouvelles devoient encore s'y débiter sans garantie & les paris s'ouvrir sans risque de se ruiner. La mere jouissoit d'avance du plaisir de faire admirer les charmes de sa fille. La jeune personne concevoit l'espoir d'y voir briller & fructifier ses talens, & l'amateur se flattoit d'y voir renaître les doux agrémens de Paphos & de Cythere.

L'on voyoit plus loin sortir de terre des hôpitaux d'une vaste étendue, des prisons où le malheureux, périssant par anticipation, ne respiroit point un air contagieux, des hôtels à la Grecque sans une vaine surcharge d'ornemens épais & grotesques, des temples sans cimetieres à côté, des marchés dont les abords étoient larges & faciles, une grande Académie, sur la porte de laquelle Mercure s'applaudissoit du succès des leçons qu'il avoit données à Amphion son eleve, & des faveurs que lui départissoit Apollon. Enfin l'on y découvroit des maisons agréables, solides, & dont le faîte, en forme de quille, n'assiégeoit pas les nues. Les rues étoient spacieuses & directement allignées. Les places publiques en imposoient par un air de grandeur. Les portes, les quais, les fontaines répondoient à la dignité d'une grande Ville ; en un mot rien n'y paroissoit bizarre, petit ou mesquin. La touche d'une main céleste étoit imprimée en caracteres visibles sur tous les édifices. Le Palais des Rois s'achevoit de lui-même sur les desseins que de grands hommes en avoient déja tracés. Les ponts, les quais, les aqueducs offroient à l'œil surpris un spectacle imposant. La plus grande Ville de la Grèce en étoit aussi la plus belle. C'étoit un séjour digne de la Majesté du Monarque qui y commandoit, & de la délicatesse du peuple galant qui l'habitoit ; la lyre bienfaisante réunissoit les chefs-d'œuvres académiques, & les trésors nécessaires à leur exécution. Hélas Français ! que ne trouvons-nous encore de pareilles ressources & de tels Architectes ! Nous épargnerions dans Paris une dépense énorme, un embarras dégoûtant dans toutes les rues, &

la Ville en feroit incomparablement plus belle & mieux bâtie.

Mais notre Peintre ne s'eft pas borné fimplement à repréfenter les charmes créateurs de la bonne mufique ; il a entrepris d'en peindre auffi les dégoûts, lorfqu'elle eft plate & ennuyeufe.

Pour former un contrafte frappant, il a peint, dans un des bouts du tableau, une ancienne partie de la Ville de Thebes, dont les bâtimens fubfiftans n'ont point encore fait place à d'autres. Le chantre *Ifmenias* fait entendre, au pied des murs, des accords pitoyables ; & on les voit s'écrouler à mefure qu'il déploie fa ridicule & faftidieufe mufique. Ce Chantre infipide avoit perpétuellement remporté le prix du *Bathos* ; & c'étoit lui, qui, femblable au bucheron de *Boechmifbroda* armé de fa coignée, accoutumoit les oreilles de Thémis aux cris perçans du barreau.

A fa cacaphonie l'on voyoit tomber des prifons, dont la maffe groffiere & tudefque offufquoit ridiculement les plus grands paffages de la Ville. L'on appercevoit un Hôtel-de-Ville mefquin & gothique, dont les bâtimens tomboient en ruine, avec les mafures hideufes qui ne l'environnoient que pour le déparer encore. Le tableau repréfente un hôpital trop ferré, & par conféquent mal-fain. On le voit fe renverfer avec fracas, fans qu'il y refte une feule pierre. Le même charme agit fur des conftructions indignes qui flanquent & qui offufquent des temples, des marchés, des places publiques. Le palais de Thémis fe détruit ici, tandis qu'Amphion en éleve un de l'autre côté, plus digne de la Déeffe qui y préfide, & de fes favoris qui le fréquentent.

La Ville fe dépouille également de tout ce qui fe reffent de la barbarie & de la recherche fantaftique d'une foule de bâtiffeurs modernes guidés par le caprice, la déraifon ou l'ignorance ; enfin la lyre funefte & bienfaifante tout enfemble n'épargne rien. L'on voit difparoître toutes les maffes informes, ces boutiques rebutantes où la malpropreté trafique, & ces échoppes dégoûtantes que le vil intérêt adoffe aux murailles des plus beaux palais pour en déshonorer l'afpect. *Ifmenias* lui-même paroît étonné des effets deſtructeurs de ſon impéritie qui produit de ſi beaux chefs-d'œuvres; & comme les ſots toujours préſomptueux ſont ſujets à s'applaudir eux-mêmes, il ſemble triompher du ſuccès de ſon ignorance & de ſa fatuité, dont les Thébains font un ample ſujet de dériſion.

Enfin ce tableau, par les effets contraires de la muſique ainſi rapprochés, donne la plus haute idée du pouvoir que l'harmonie a ſur les humains, & conſtitue pour jamais la réputation glorieuſe du Peintre qui a ſu raſſembler une multitude de prodiges dans un genre diamétralement oppoſé. L'édification & la deſtruction renferment chacune des traits de force & de lumieres qui leur ſont propres. Ce morceau auſſi brillant qu'ingénieux ne peut ſervir qu'à nous donner la plus haute idée de la muſique, & de l'architecture chez les Grecs que les gens d'art modernes ſe propoſent à tout haſard pour modeles, ſans ſe montrer plus Grecs que d'autres.

Le quatrieme de nos Peintres concurrens s'eſt diſtingué juſqu'à préſent dans la peinture des paysages & des animaux. Il a cherché à former son goût d'après *Berghen, des Portes* & *Oudry*. Pour s'exercer dans un genre analogue à son imagination & à son pinceau, il a choisi un sujet tout à fait propre à confirmer l'idée qu'on s'étoit déja faite de ses talens.

Au milieu d'un paysage varié & agréable, il a placé Orphée tirant de sa lyre les sons les plus mélodieux & les plus tendres. Les aquilons suspendent leur haleine, les échos se taisent, & le souffle imperceptible des zéphirs rafraîchit les airs. Les animaux accourent en foule de tous côtés pour éprouver la douceur des sensations que le Chantre divin communique, & par un silence attentif ils paroissent applaudir à des accords, dont la mélodie les enchante. Les plus féroces, les plus stupides déposent leur naturel, & ne se montrent plus sensibles qu'à un attrait, qui, en captivant leurs sens, semble les métamorphoser, & leur transmettre un nouvel instinct. Le merveilleux instrument du Chantre de la Thrace inocule l'esprit, le goût & l'aménité aux brutes à qui la nature les avoit refufés. Hélas! que n'avons-nous encore de pareils fymphoniftes?

Le Peintre qui a auffi le goût du portrait, a crû donner un nouveau mérite à fon tableau, en y plaçant les vifages d'une foule de gens connus, & qui figurent audacieufement par-tout, fouvent même par leurs prétentions infultantes. Il s'eft perfuadé qu'on lui auroit une double obligation, s'il parvenoit à peindre les inclinations avec les vifages. Par fineffe, par intrigue, par argent il a raffemblé tous les portraits qu'il a pu obtenir dans les maifons, au falon ou chez fes confreres; il en a fait & fait faire des copies. Il en a peint d'autres de mémoire; & fon imagination eft fi vive, qu'il a rendu prefque tous fes originaux reconnoiffables. La morale, l'amour de la fociété, bien plus que le genie de la critique, l'ont engagé à faire paroître ces différens portraits pour inviter les originaux à fe réformer ou à s'adoucir. Ce font des vérités, des épigrammes ou des complimens en peinture. L'on convient à chaque inftant que le fiecle a befoin de réformer: il ne faut donc point blâmer la vertu & la raifon, lorfque pour procurer du bonheur aux hommes elles font ufage de leurs armes, & foutiennent leurs droits naturels fur les vices & fur les ridicules. Si les fots fe croient permis d'étaler leurs extravagances, que les gens fenfés confervent le privilége de les relever & d'en rire. Tel qui brave toute autorité, redoute celle du public; & c'eft la façon la plus fûre de corriger les mœurs, fi la réflexion & la décence ont encore quelqu'empire fur les mortels.

Orphée paroît affis fous un arbre au milieu d'un bofquet où il touche voluptueufement fa lyre. Auprès de lui paroît la tête du Maréchal de Saxe, & celles de quelques Officiers diftingués, auxquelles font appliqués des corps de lions. Le courage, l'efprit & la force pétillent dans leurs yeux, & l'on eft faifi de refpect à la vue de ces figures emblématiques. Des aigles font de l'autre côté, & préfentent la face du Prince de nos Poëtes, & celles de quelques Auteurs fublimes qui ont pris audacieufement leur vol dans les cieux. Leurs yeux brillent d'un feu égal à celui du foleil qu'ils ont la hardiesse de fixer de temps en temps. Une foule de versificateurs les en-environne avec des corps de grenouilles. De gros Bénéficiers sont derriere ; l'un porte la figure d'un porceau, l'autre celle d'un gros âne entouré de cinq, ou six ânons, dont la prétention journaliere est de braire effrontément dans toute la Ville. Une Duchesse & une jeune Marquise sont l'une auprès de l'autre. Elles sont à peine reconnoissables par la quantité de gros rouge & d'apprêts dont elles sont chargées. La premiere à le corps d'une grosse chenille bien nuancée, & l'autre celui d'un papillon bizarrement diapré. Une Comtesse qui les lorgne, a le plumage d'un hochecul, & une Baronne celui d'un étourneau. Une Présidente qui les suit, étale l'encolure d'une jument pouliniere, & une Conseillere, celle d'une aze. Une grosse Financiere porte le corps d'une vache à lait, & une Lays celui d'une truie grasse.

En face du Chanteur, est une fourmilliere de Marquis, de Comtes, de Barons vrais ou faux & de Chevaliers du bel air, dont la figure est adhérente à des corps de geays, de paons, d'éléphans, de rhinoceros, de *Silvania*, & d'autres animaux glorieux & ſtupides. Derriere ſont de gros favoris de Plutus, à la tête deſquels ſont attachés des corps de bœuf, de cheval, d'ours, de léopards & d'autres animaux ſubtils & voraces. Un Avocat figure avec le corps d'un perroquet, un Procureur avec celui d'une ſang-ſue, un Médecin avec celui d'une licorne, un Philoſophe en ver luiſant, un Auteur en furet, un Miſantrope en chat-huan, un laboureur en mouton, & un moine en bléreau. Nombre d'Ecrivains y portent des corps de ſinges & d'aſpics. Un Receveur affamé préſente le corps d'un vautour, le Penſionnaire d'une riche veuve paroît avec le corps d'un taureau, un Abbé dans ſon coin fait la roue avec un corps de dindon, & trois ou quatre précieuſes l'environnent habillées en poules pintades. L'on y reconnoît des Muſiciens en perce oreilles, des Maſques de Courtiſans en chiens couchans, des Solliciteurs en lévriers, de petits Sénateurs en braques ou en barbets, & de grands Seigneurs en dogues,

Beaucoup de Bourgeoises du bel air font perchées sur des arbres avec des corps de sansonnets, de linottes & de péruches. Quelques Robins sont affublés de l'encolure d'un corbeau, d'autres ont celles d'un faucon. L'on y distingue des médisans mis en crapaux, des débauchés en boucs & en scarabées verts, des évaporés en gros rats, des petits maîtres en roquets, des poltrons en lievres, des jaloux en tigres, des gourmands en cochons, des curieux en matous, des parasites en guêpes, des filoux en chouettes, des brutaux en sangliers, des opiniâtres en mulets, des rapporteurs en couleuvres, des intriguans en renards, des paresseux en marmotes, des envieux en serpens, des présomptueux en faisans, des bavards en pies, des avares en taupes, des ennuyeux en coucous, des impudens en bouvreuils, des insolens en moineaux francs, des nouvellistes en buzes, des prodigues en oisons, des satyriques en porc-épics, des orgueilleux en cignes, des hypocrites en chats, des indiscrets en viperes, des critiques en hérissons, des courageux en cocqs, des plagiaires en frêlons, des taciturnes en hiboux, & des quérelleurs en mâtins; ainsi l'Auteur a personnifié le vice, sans désigner publiquement les personnages, dont les traits ne se démêleront que difficilement, en les mettant dans le point de perspective où les placera le degré de l'élévation du plafond. Si quelqu'un s'y reconnoît & en murmure, il aura tort de le faire remarquer aux autres, & de révéler son secret au Public qui ne fera qu'en rire.

Les Femmes & leurs attributs y sont également figurés. Des dévotes sont représentées sous l'emblême d'une piegrieche, une savante en poule hupée. Des actrices figurent sous la livrée d'un rossignol, d'une chauve-souris ou d'un écureuil. Des joueuses y sont peintes sous la figure d'un putois ou d'une belette. Une femme aigre a le corps d'une harpie, une malicieuse a le corps d'une guenon, une babillarde celui d'un grillon, une libertine celui d'une louve, une précieuse celui d'une fouine, une railleuse celui d'un pinçon, une voluptueuse celui d'une caille, une indolente celui d'une tortue, une exigeante celui d'une chevre, & enfin chacune a le renseignement qui lui est propre. Les têtes sont merveilleusement adaptées aux corps, & paroissent faites pour former un ensemble tout-à-fait régulier.

L'on y voit des cerfs avec leur bois, des moutons, des béliers, des escarbots, des bouquins, des canards sauvages ou privés, des cormorans, des hérons, des grues, des cigognes, des dromadaires, & toutes les especes d'animaux répandus sur la surface de la terre. Chacun d'eux a l'habillement ou le plumage analogue à son caractere, & les figures, quand on pourra les envisager de près, paroîtront assez reconnoissables, pour que l'on soit tenté de croire qu'on se trouve dans une galerie de portraits de gens de sa connoissance.

Le Peintre qui n'a point encore mis la derniere main à son ouvrage, avant de le perfectionner en grand, invite les maris qui voudront voir figurer au vrai le portrait de leurs femmes ou de leurs maîtresses, à lui envoyer confidemment leur ressemblance; il promet de leur fournir dans le

naturel

naturel, où habillement conforme à leurs inclinations, quelles qu'elles puissent être. Il fait la même invitation aux femmes qui voudront avoir un portrait fidele de leur mari en corps & en ame. L'on s'en rapportera à leur décision sur les assortimens & la forme des vêtemens, parce que les époux sans fadeur doivent se connoître entr'eux plus parfaitement que les autres & se définir sans politique. D'ailleurs l'expression du naturel d'une personne aide merveilleusement à la faire reconnoître par les gens de sa société, & même par des étrangers, qui souvent hésitent, varient & s'abusent sur la reconnoissance d'une figure, dont l'habillement & *le costume* les dépaysent.

Quand le tableau général sera mis à son point de perfection, le Peintre complaisant offre d'en délivrer à juste prix des copies à ceux qui en desireront pour en faire des monumens de famille transmissibles à la postérité.

Les veuves qui voudront prendre de seconds maris, pourront aller consulter le tableau général ; & si elles y trouvent leur futur, elles y reconnoîtront les difpofitions qu'il doit apporter dans le ménage. L'avantage fera réciproque, les maris inftruits d'avance ne s'étonneront plus de voir des brebis métamorphofées en dragons.

Le Peintre, admirable dans fes idées, ne s'eft pas borné à repréfenter une fimple ménagerie. Il fait qu'Orphée attiroit les arbres & les plantes avec la même facilité qu'il attiroit les bêtes. L'Artifte s'eft donc plû à peindre auffi un jardin potager qui, par la faveur finguliere des dieux, trouvoit des oreilles pour l'entendre. C'eft une nouvelle allégorie qui fe marie tout naturellement avec la premiere. Dans le concours des animaux raffemblés, l'on voit parmi eux une groffe femme en citrouille, un homme court & ventru en potiron, un mari en cornichon, & fon époufe en concombre. L'on apperçoit un ivrogne en betterave, un buveur d'eau en navet, un quérelleur en artichaux, un billieux en carotte, un frileux en oignon, un myftérieux en chou cabus, un nouveau parvenu en champignon, une petite maîtreffe en choux pannaché, une jeune fille en

chou-fleur, un élégant en chicorée fri-
fée, un misantrope en chicorée sauvage,
une merveilleuse en laitue romaine, une
prude en laitue pommée, un parfumé
en vesce de loup, un trompeur en me-
lon, un dameret en cardon, une obli-
geante en trufle, un amoureux en celeri,
un bouru en topinambour, une femme
séche en panais, une couperosée en rave,
une fringante en épine-vinette, une femme
aimable en orange, en ananas, une femme
piquante en citron, une femme fiere en
grenade, & tout le reste en proportion.

Le brute auditoire est si sensuellement
préoccupé du charme de l'harmonie, que
tout sentiment d'amour semble engourdi
en lui, & qu'il néglige de brouter les lé-
gumes qui l'environnent. Tous ces animaux fixent le chantre divin avec les yeux
de la stupéfaction. Ils paroissent avoir oublié les penchans brutaux que leur avoit
départis la nature; & le Poëte bienfaisant
triomphe des effets d'un pouvoir qui les
rend honnêtes, doux & sociables. Il re-
grette, pour le bien général de l'humanité,
de ne pouvoir pas tirer continuellement

C ij.

des sons de son instrument, pour arracher les humains aux suites funestes du mauvais génie & des vices qui les rendent intolérables. Lyre précieuse, que n'êtes-vous restée parmi nous ! Que de miracles vous auriez à produire ; vous nous auriez civilisés de plus en plus en imposant silence aux passions, & en bannissant les travers qui infectent encore notre hémisphere.

Les arbres & les rochers se montrent également sensibles à la douceur des accords du délicieux Orphée. L'on remarque les figures de quelques receveurs & de quelques praticiens inhérentes à des pierres, des rochers, des cailloux, des marbres & des marcassites. Tous ces êtres, émus par l'impression d'une sensation voluptueuse, s'approchent avidement pour prendre part à la douceur des concerts, dont l'air retentit, & la nature entiere sur l'eau, sur terre & dans la région Etherée, rend hommage à l'empire de la bonne musique.

Lorsque l'un des quatre tableaux aura été généralement préféré par le Public, l'amateur qui les a fait faire, offre généreusement de le faire exécuter en grand dans le plafond de l'Opéra. Il espere par ce moyen officieux s'attirer la reconnoissance de ses concitoyens, & s'assurer un nom immortel dans les fastes de la Nation *harmoniphile*. Les entrepreneurs, les acteurs, les actrices & le public même ne pourront refuser à sa libéralité ingénieuse un tribut journalier de louanges. Il ne désespere pas même, qu'au milieu d'un peuple sensible & généreux, son nom ne serve un jour de sujet aux éloges académiques de la Capitale & des Provinces. C'est un moyen aussi honorable que sûr, pour encourager les talens & les protecteurs qui les font fructifier.

Le goût du Public ne peut pas manquer d'être extrêmement partagé entre les quatre bons tableaux dont on vient de parler. L'ordonnateur curieux & connoisseur est fort embarrassé lui-même sur le choix, & il attend avec impatience que la décision publique l'éclaire & le détermine sur la préférence qu'il doit adjuger.

L'ordonnance en est admirable. Les jours y sont habilement ménagés. Les reflets & les clairs obscurs y sont employés avec art ; tout y eſt à ſa place : en un mot ils ont déja ravi le ſuffrage des fins gourmets qui décident du bon ton à Paris, & d'après leſquels on parle, entr'autres de l'Abbé *Malfait*, de l'Abbé *Maldit*, du Marquis *de la Bourde*, du Chevalier *de Bavardiere*, du Conſeiller *Platinet*, & autres ariſtarques très-difficiles.

Ces ouvrages auroient été ſoumis au ſallon du Louvre à l'inſpection & au jugement du Public ; mais l'expoſition générale ne doit s'y faire qu'en 1771 ; & les Peintres qui ont opéré n'ont pas le temps d'attendre un délai auſſi long pour recueillir le fruit de leurs travaux.

En attendant que le ſuffrage général ait pu s'expliquer ſur la prééminence due à l'un de ces chefs-d'œuvres, l'on recueillera ſoigneuſement les avis de tous les particuliers ; & l'on montrera les tableaux *gratis* à tout amateur impartial & éclairé qui aura la complaiſance de ſe tranſporter le matin juſqu'à midi, chez le ſieur *Tricolorini*, peintre & brocanteur Italien, dans la maiſon d'un Rôtiſſeur au cinquieme étage, rue de la Huchette.

Le vrai connoisseur sera amplement payé de sa peine & de sa curiosité.

L'on a résolu encore, pour l'avancement & l'encouragement de la Peinture, de faire une loterie des trois tableaux qui auront concouru sans être couronnés.

Le chef-d'œuvre qui obtiendra le prix, sera gravé, & les estampes formeront de petits lots. En faveur de ceux qui n'auront pas gagné les trois gros, on les leur donnera comme un dédommagement de leur mise. Ce parti paroît honnête, en ce qu'il y aura des lots pour tout le monde. De plus on a fait faire les tableaux avant de proposer la loterie ; & c'est ce qui prouve qu'on n'a nullement consulté ici l'intérêt pécuniaire. Si la loterie ne se remplit pas, celui qui l'a proposée, rendra fidelement à chacun sa mise, & il gardera les tableaux dont il fera une substitution graduelle & perpétuelle dans sa famille, pour l'honneur de la Nation, de la Peinture, & des Parties intéressées.

F I N.

www.ingramcontent.com/pod-product-compliance
Lightning Source LLC
Chambersburg PA
CBHW060509050426
42451CB00009B/901